L'EMPIRE

ET

LA PRESSE

EN 1861

PARIS

DENTU  CH. DOUNIOL

13, GALERIE D'ORLÉANS (PALAIS-ROYAL)   29, RUE DE TOURNON

1861

Imprimé par E. THUNOT ET Cᵉ, rue Racine, 26.

L'EMPIRE

ET

LA PRESSE

EN 1861

Les affaires de l'étranger nous font par trop oublier les nôtres. Rentrons un moment chez nous, nous avons à y faire. —
Le décret du 24 novembre 1860, en permettant à nos chambres de répondre au discours du Trône, les invite à prendre
l'initiative sur les réformes d'intérêt général. Le 4 février,
elles vont se réunir. N'y a-t-il pas lieu d'appeler leur attention
sur la question de la presse? Elle est, nous ne l'ignorons
pas, aussi grave que délicate ; mais elle est urgente et le pays
peut, à juste titre, en solliciter l'examen.

Depuis longtemps cette question passionne le public. Chacun
semble sentir que là nos plus grands intérêts sont en jeu.
Journaux, écrits sérieux, circulaires ministérielles, tous ceux
qui ont mission pour discuter la traitent à leur point de vue ;
mais à considérer attentivement tout ce qui en a été dit, on
n'y trouve que deux thèses opposées, aboutissant à des conclu-
sions contraires. Les uns sont surtout frappés des droits de
l'écrivain et de la presse comme organes de l'opinion ; les autres se préoccupent davantage des intérêts du gouvernement,
en qui se personnifie l'ordre social. Les premiers demandent

la liberté de discussion; les derniers en redoutent l'abus. Ceux-ci opinent pour le maintien du *statu quo*; leurs adversaires veulent soumettre la presse au droit commun. Quant aux intérêts de la morale, pourtant si essentiels dans la société, on s'en occupe peu, ou bien on ne les met qu'en seconde ligne, à l'appui d'autres raisonnements. Tous ces points de controverse, l'expérience nous semble les avoir suffisamment résolus. La presse a été libre, qu'a-t-elle fait? On ne saurait le nier, elle a prêté la main aux plus mauvaises passions et mis la France à deux doigts de sa ruine. Est-on bien sûr qu'en revenant purement au même régime nous ne la verrons pas tomber dans les mêmes errements? Maintenant elle est soumise, comme l'a dit naguère **M.** de Persigny, au pouvoir *discrétionnaire*, *exceptionnel*, *dictatorial* du gouvernement, et de tous côtés s'élèvent des plaintes : l'opinion publique éprouve un malaise tel, qu'on ne peut s'empêcher d'y voir un besoin légitime de la liberté de discussion. Ces deux régimes ne correspondent donc ni l'un ni l'autre aux vœux du pays. Ajoutons qu'ils correspondent encore moins aux besoins de la morale, qui jusqu'ici a toujours reçu de la presse les plus graves atteintes.

Cependant nos usages, nos goûts, la nature même de notre civilisation, ont donné à la presse une importance sans égale et une puissance aussi funeste par ses défauts que bienfaisante par ses qualités. Tout le monde recherche les journaux, sur bien des choses on ne pense que par eux, nous en avons fait nos maîtres dans tous les arts et en toutes sciences. Peut-on les laisser indéfiniment dans les conditions où ils ont vécu jusqu'ici? Nous pensons qu'il est désormais nécessaire de faire de la presse une institution nationale avec des règlements qui sauvegardent en même temps et nos intérêts et ses droits.

Une telle mesure, dira-t-on, n'existe nulle part, et elle soulève de grandes difficultés.

De ce qu'elle est nouvelle, il ne serait pas raisonnable de conclure à son rejet. En changeant par le développement de leurs forces morales et matérielles les conditions de leur exis-

lence, les peuples ne se condamnent-ils pas aux innovations?
Le traité de commerce avec l'Angleterre était bien nouveau,
et néanmoins, lorsque le gouvernement le crut utile, il n'hé-
sita pas à le conclure. Ce traité n'était certes pas exempt de
difficultés; mais on jugea que les avantages qui doivent en dé-
couler méritaient qu'on passât outre, et on le fit. Eh bien!
nous croyons que non-seulement les avantages à retirer de l'organisation de la presse sont de nature à compenser les difficultés
que peut offrir cette réforme, mais encore que les plus graves
raisons nous obligent à l'exécuter. Qu'on veuille bien, pour
s'en convaincre, étudier la nature et la mission de la presse.

I.

La presse est, pour tout homme qui s'en fait une idée
exacte, la garantie obligée de nos plus grands intérêts. « On
« l'invente, dit M. Veuillot, pour servir d'organe à l'opinion;
« c'est une institution qu'on environne de mille sûretés, comme
« une propriété du public, plus sacrée cent fois que la source
« où chacun vient boire et le champ qui nourrit chacun. »
A côté de ce témoignage d'un grand écrivain, plaçons celui
d'un grand homme d'État, M. de Persigny. « La presse forme,
« dit-il, la plus sûre garantie des libertés publiques, de l'ordre
« et de la prospérité du pays. » Il parle, il est vrai, de la
presse anglaise en particulier; mais cette institution n'a-t-elle
pas partout la même mission? Rien n'est plus évident. Voyons,
en effet, ce qu'elle fait chez nous. S'est-on jamais demandé ce
que serait la France sans les journaux? Qu'aujourd'hui tous
cessent de paraître, demain elle n'est plus elle-même, tout
s'y agite dans une mortelle incertitude, tout y périt dans une
inexprimable confusion. Les découvertes utiles nous restent
inconnues, notre industrie ne sait plus où prendre ses matières
premières, ni où expédier ses produits, ni les chances que les
concurrents laisseront à ses efforts. Le commerce devient impossible. Quel négociant oserait entreprendre une affaire de
quelque importance sans savoir jour par jour les variations des

valeurs qui sont l'objet de ses opérations? L'agriculture elle-
même ne trouve plus les débouchés nécessaires à ses succès;
ses progrès s'arrêtent, elle ne s'occupe guère que des besoins
locaux auxquels elle ne peut trop souvent pas suffire. Ainsi, la
fortune privée et la fortune publique sont du même coup anéan-
ties. Les sciences et les arts n'ont pas attendu le concours de la
presse pour se développer et se perfectionner; mais sans ce
concours, comment pourrions-nous en recueillir les bénéfices?
Ce ne seraient que des trésors stériles dont nous n'aurions
même pas connaissance.

II.

Dans les affaires politiques la presse est, pour les peuples
constitutionnels, encore plus nécessaire.

L'opinion publique, les gouvernements eux-mêmes le recon-
naissent, est la conseillère des princes. Elle leur fait com-
prendre les besoins généraux et particuliers de leurs sujets,
et les moyens de les satisfaire. De plus, par le vote, les peuples, devenus maîtres d'eux-mêmes, prennent, en se donnant
des représentants, une part active à leur propre gouvernement.
Le prince élu par eux n'est que leur premier mandataire. Or
sans la presse comment useraient-ils de leurs droits? comment
rempliraient-ils leurs devoirs. Par elle, et seulement par elle,
les électeurs peuvent suffisamment connaître leurs candidats
et se faire connaître à ces derniers, leur dire les motifs de la
confiance dont ils les honorent et ce qu'ils attendent d'eux.
Par elle, enfin, ils contrôlent leurs actes. La presse est la parole du pays à ses mandataires et à ses chefs. Pour les peuples
elle est donc légitime et nécessaire au même titre que la parole naturelle pour les individus; elle est leur force, leur lien,
leur moyen d'action, leur vie. Elle est leur propriété inalié-
nable, car en la perdant ils cesseraient d'être eux-mêmes, et
tomberaient fatalement dans l'anarchie ou en servitude.

III.

Si nous nous élevons maintenant au faîte des forces sociales, la religion et la morale, nous devrons en dire autant.

Nous posons d'abord en fait que les principes religieux et moraux sont la base et la garantie indispensables de l'ordre public et de la vie des nations. Sur ce point tous les hommes sensés pensent comme nous. Et nous disons que la presse, ne fût-elle qu'un moyen entre mille autres de propager ces principes et de leur donner la salutaire influence qu'ils doivent exercer sur nos destinées, il faudrait la protéger et favoriser son action. Mais aujourd'hui elle seule est à même de les répandre et de les faire accepter.

Tant que les hommes n'eurent entre eux que des rapports rares et restreints, tant que les occupations matérielles laissèrent aux individus la faculté de suivre les exercices de leur culte, tant que le public rechercha l'enseignement oral, la parole et quelques livres de doctrine suffirent à l'instruction religieuse et morale des peuples, et les apôtres, ces grands propagateurs des vertus et des lumières qui ont donné aux nations chrétiennes toute leur supériorité sur celles d'autrefois, ne songèrent jamais à faire circuler leur enseignement par milliers de copies dans toutes les classes de la société. Mais que les temps sont changés ! dans les relations qui se sont établies entre tous les citoyens d'un même pays, on pourrait dire entre les citoyens de tous les pays civilisés, il s'est formé des liens qui se resserrent de plus en plus, et nous rendent tous réciproquement solidaires de nos intérêts communs. Il nous faut évidemment une même morale, sinon un même dogme ; comment donc aurions-nous une même morale, si le même enseignement ne circulait pas partout ? Et cet enseignement uniforme, par qui nous serait-il donné, si ce n'est par la presse ?

IV.

Ne considérons les choses que chez nous.

Dans toute l'étendue de l'empire, l'enseignement oral se donne aussi bien et peut-être mieux que nulle part. Mais il voit se dresser devant lui deux difficultés qu'il ne saurait vaincre, savoir : dans la classe aisée, cette indifférence si générale, du moins en pratique, en matière de religion, qu'ont amenée les fausses doctrines et les bouleversements dont le pays a été si souvent le théâtre, et dans la classe ouvrière, ce travail matériel et incessant qui la dégoûte de tout exercice du culte et lui en rend d'ailleurs la fréquentation impossible.

Montrons cela en peu de mots.

Il est encore reçu par tout le monde que l'enfance doit être formée à la religion et à la morale, et l'on ne comprend pas qu'il pût en être autrement. Mais en général on ne va pas au delà, et ce que l'homme a dû faire dans ses premières années, sous la direction de ses maîtres, n'est tout au plus que louable en lui à un âge plus avancé. Le jeune homme et la jeune fille quittent l'école ou la pension pour prendre rang dans le monde. Ils sont sans expérience, leurs passions commencent à parler, et ouvrent devant eux les voies les plus funestes pour leur avenir et pour celui de la société. Cependant ils n'ont encore en morale et en religion que des notions incomplètes et mal assises. Il est indispensable de les leur faire compléter, et d'en remplir le plus possible leur cœur et leur esprit. Mais on l'essayerait en vain *par la parole*. Leur parti en est pris, ils n'admettent plus qu'un maître puisse les instruire. S'ils aimaient, s'ils respectaient leur famille, ils y trouveraient souvent encore des traditions pour suppléer au manque d'instruction et! préserver leur morale ; mais ils ne l'aiment pas, et ils s'arrogent le droit de se diriger par eux-mêmes, ce qui revient toujours à n'avoir pas de religion et à s'abandonner au gré de leurs passions.

Ainsi de nos jours l'âge de l'adolescence s'ouvre par l'abandon des liens les plus sacrés et la mise en liberté de tous les penchants du cœur. Bientôt tout cela se traduit par une ignorance arrogante et par une grande corruption des instincts. Enfin on pense à un établissement où aux illusions de la jeunesse succéderont les préoccupations de l'avenir. Sous l'empire d'une raison mûrie par l'expérience, peut-être verrons-nous renaître l'estime des enseignements conservateurs. Rarement. Tout ce que l'homme mûr a de positif dans l'intelligence et de sain dans le cœur, il le tourne vers ses intérêts matériels : commerce, industrie, soins de la propriété, etc…, sans même donner une pensée aux choses d'un ordre supérieur. En dehors de ses affaires ou de ses plaisirs, auxquels il sacrifie encore, tout lui est étranger. C'est déjà un grand malheur pour lui, car sa dignité en souffre, mais c'est de plus un danger pour l'État. Le matérialisme, on ne saurait le dire trop haut, sape la société dans ses fondements.

V.

Nos indifférents, il est vrai, admettent la nécessité d'une morale pour garantir l'ordre social et les intérêts de tous; mais sur quoi l'assoiront-ils? Sur la loi civile? Cette autorité si légitime, si forte lorsqu'elle s'appuie sur Dieu, n'est aux yeux du public malheureux et sans religion qu'une tyrannie du pouvoir, une consécration armée de l'inégalité entre les hommes et le maintien, par la force brutale, du pauvre dans la dépendance du riche. Cette vérité a ses preuves dans notre histoire. Faut-il s'étonner ensuite si les absurdes théories du communisme ont trouvé de l'écho dans les classes où Dieu n'est pas connu? Elles étaient la conséquence logique de la perte de la religion.

Il est donc dans l'intérêt du pays de combattre l'indifférence par la propagation des vérités religieuses et des lois divines.

Comment le ferons-nous? Nos indifférents lisent les journaux, ils les lisent avec passion, ils y acceptent sans défiance, des écrivains les moins connus, les enseignements qu'ils méprisent sur les lèvres les plus éloquentes. Le jeune âge ne goûte d'ordinaire que les écrits légers et amusants, l'âge mûr aime aussi les sérieux, surtout s'il y trouve des questions d'utilité pratique. Mais les principes de religion et de justice revêtent avec la même facilité toutes les formes de style et de démonstration. Que tous nos journaux les admettent avec honneur dans leurs colonnes, leurs autres discussions n'en auront que plus d'autorité; que leurs lecteurs puissent les y lire comme ils y lisent les questions politiques, scientifiques, littéraires, économiques, et le monde cessera d'être matérialiste et indifférent. Lorsque la partie intelligente de la nation les admettra et les respectera, son influence sera aussi puissante que légitime dans l'État, nos institutions seront consolidées et nous pourrons espérer en l'avenir.

VI.

Et la classe ouvrière? Dans ses rangs les bienfaits de la presse ne sont ni moins nécessaires ni moins assurés. L'ouvrier, surtout celui des grandes villes, vit dans des conditions et est soumis à des travaux qui le matérialisent et le livrent sans contre-poids à l'influence du vice. Sans l'avoir vu on ne saurait s'en faire une idée. Jamais une parole lumineuse ou consolante ne retentit à son oreille; son travail n'admet pas de jour de repos; ses compagnons de peine, ses patrons euxmêmes, estiment peu la morale, ou du moins une sotte ostentation les porte à ne faire de ses préceptes que des niaiseries et le partage des faibles; de sorte qu'après les avoir écoutés l'ouvrier ne verra que des tyrans dans ses chefs politiques et des comédiens dans ses chefs religieux. Sa conscience se refuse-t-elle à admettre ces principes de désordre? On le taxe de faiblesse, on l'accable de ridicule. Il est difficile de résister à ces épreuves, et tous les cœurs timides ou sans énergie se livrent à cette impulsion brutale qui les pousse à tout méconnaître, à tout outrager.

On le voit, dans les ateliers le mal est déjà grand, et tout s'y prépare pour les orages politiques. Mais ce n'est pas fini.

Chez un grand nombre d'ouvriers la dégradation et le désordre moral sont bientôt tels, qu'ils ne sont plus compatibles avec la dignité d'un travail régulier ni avec l'esprit de famille. Ils sortent donc de l'atelier pour se faire une de ces existences problématiques qui se refusent au grand jour. Et ils sont bien nombreux parmi nous ces hommes déchus? Sans sortir de Paris on en ferait des armées. En temps de calme, et sous un gouvernement régulier, personne ne les voit, on ne soupçonnerait même pas leur existence; mais aux jours de nos révolutions c'est un volcan en éruption, la capitale les voit paraître comme un monde de revenants pour ensevelir la société.

VII.

Chercher un remède à un si grand mal et conjurer un tel danger, est un devoir impérieux pour tout homme qui prend part au gouvernement de la nation, et celui qui le trouvera sera tout à la fois le sauveur des malheureux et de l'État. Eh bien! nous sommes convaincu qu'on ne le peut que par la presse. Il n'y a que cette voie pour suivre la classe ouvrière dans toutes les phases possibles de son existence. On ne saurait sans l'avoir vu se faire une idée du goût de nos ouvriers pour les lectures d'actualité. Tous lisent les journaux ou se les font lire. Trop souvent, par suite des abus de la presse, ils y ont trouvé des doctrines immorales qui les ont égarés de plus en plus. Mais lorsque nos journaux seront les organes de la vérité et de la justice, ils répandront la vie là où souvent ils ont porté l'erreur et la corruption. Dans nos ateliers ils flétriront le vice et neutraliseront le scandale. Dans les ménages ils porteront la lumière et le courage, et apprendront à chacun à aimer la famille aujourd'hui si peu appréciée. Ils pénétreront jusqu'au fond des bouges où vivent tant de malheureux comme en dehors de l'humanité. Des systèmes insensés les ont égarés, la souffrance les aigrit; la presse éclairera ceux qui peuvent l'être, désarmera leurs bras et les réconciliera avec nous.

VIII.

La presse est donc de sa nature la garantie de nos intérêts commerciaux, industriels et agricoles, le véhicule de toutes les connaissances utiles, l'organe de l'opinion, l'espoir de la morale et de la religion ; en un mot elle est le grand élément civilisateur des temps modernes et la vie de tout peuple constitutionnel. C'est la propriété par excellence du pays. Que des écrivains comprenant ainsi sa mission lui consacrent leurs forces et leurs talents, nous les proclamerons nos plus grands bienfaiteurs. Honneur à eux, nous les respecterons, nous les admirerons, nous leur reconnaîtrons le droit le mieux fondé d'écrire, nous demanderons qu'ils puissent le faire en toute liberté. Le gouvernement qui leur refuserait l'usage de ce droit, ou en gênerait l'exercice, ferait grand tort au pays et à lui-même.

IX.

Nous avons dit les devoirs de la presse et ce que la société peut bénéficier de sa mission. Examinerons-nous maintenant ce qu'elle fait en réalité ? Le plus triste spectacle s'offre à nos yeux. Elle ne nous apparaît que comme la négation de ce qu'elle doit être. Nous éviterons avec soin toute personnalité, nous parlerons avec la modération qui convient aux causes justes, mais, au risque d'irriter quelques coupables, nous mettrons la vérité à découvert.

Ue partie de la presse est chez nous pleine d'abus, et elle nous fait, sous le rapport moral en particulier, encore plus de mal qu'elle ne pouvait nous faire du bien. Ces abus on les trouve et dans l'administration et dans le personnel des rédactions.

Et d'abord que sont en général nos grandes feuilles ? Nous parlons des plus influentes et des mieux établies. Écoutons un écrivain qui le sait par expérience, M. Granier de Cassagnac,

membre du corps législatif. « Une société de capitalistes groupe
« autour d'elle un certain nombre d'écrivains de talent : on im-
« prime au journal la direction désignée par le fondateur ou
« conseillée par l'intérêt bien entendu de la commandite, et,
« tous frais payés, les capitalistes se partagent les bénéfices de
« la publication.... Les journaux ne représentent que des in-
« térêts individuels. »

X.

Tout cela est vrai, nous ne saurions le nier. Voilà donc nos
grands organes de l'opinion. A leur point de départ c'est une
spéculation de capitalistes, et à leur point d'arrivée, des bénéfices à partager. — Mais voyons-les à l'œuvre. En matière
d'industrie ou de négoce, ils se mettent au service de tous
ceux qui les payent, fussent-ils d'ailleurs de malhonnêtes
gens. Un négociant ou un industriel veut faire croire au
public qu'il offre à ses clients des avantages de toute sorte qu'ils
ne trouveraient pas ailleurs. Il s'adresse à un journal qui ne
l'a jamais connu, et il s'oblige à payer une somme convenue.
En conséquence les jours suivants ce journal parlera de lui avec
une éloquence capable d'effrayer tous les concurrents. Mais ô
déconvenue ! un de ces derniers survient et double le prix de
la réclame. Cet homme mérite peut-être encore moins la confiance du public. N'importe, il paye bien, et c'est lui que le journal recommandera à ses lecteurs. Cela s'appelle, dans le lan-
gage de la presse, vendre les *questions latérales*, et, pour
appuyer ce que nous venons de dire, nous citerons un fait que
nous empruntons à M. Veuillot (*Libres penseurs*). « D'honnêtes
« patriotes achetèrent, pour y défendre leurs opinions, un jour-
« nal fort vertueux et fort indépendant, mais qui ne pouvait
« plus vivre. Ils trouvèrent en arrivant les questions latérales
« vendues : question des noirs vendue à raison de 3,000 fr. par
« mois aux possesseurs d'esclaves ; question des lins vendue à
« des industriels du Nord ; question des fers vendue à des in-
« dustriels du Midi ; question vinicole vendue à des proprié-

« taires de Bordeaux, etc., etc. Il y en avait pour 80,000 fr.
« par an. » Avis à ceux qui achètent des journaux, avis à ceux
qui s'y abonnent, avis aussi aux négociants.

XI.

Mais la vente de questions latérales est la moins malhonnête
des spéculations de notre presse. Il en est une dont le scandale
atteint les intérêts les plus sacrés des individus et des familles,
celle qui exploite la corruption des mœurs.

Des capitalistes avides ou des dissipateurs, dont les besoins
insatiables étaient à bout de ressources, ont pensé que l'amour
inné du public pour tout ce qui flatte l'imagination et caresse
les sens offrirait une exploitation aussi lucrative que facile.
Ils ont, dans ce but, monopolisé la presse et fondé ces publications sous tous les formats et pour tous les goûts qu'on nous
vend pour des œuvres littéraires. Ils ont même mis la main sur
les journaux les plus sérieux, et placé dans leurs colonnes infé-
rieures, comme le disait il y a quelques mois une circulaire
ministérielle, des leçons et des préceptes formellement contraires à ceux des colonnes supérieures.

XII.

Pour remplir leurs cadres, ils puisent dans le répertoire de
la littérature du siècle dernier et du nôtre tout ce qu'il y a de
plus déshabillé, de plus cynique. Cela ne leur suffit pas : ils
prennent à leur solde les écrivains du jour qui savent le mieux
peindre une intrigue, échauffer l'imagination et faire battre les
cœurs, et ils leur font des rentes qui parfois n'ont rien à envier
au traitement d'un ministre ou d'un maréchal de France. Ce
n'est pas que les écrits moraux et dignes d'être réédités pour
le public nous manquent, mais nos spéculateurs se sont dit :
« Ces œuvres ne feraient pas nos affaires, » et ils les excluent
de leurs cadres.

Leurs feuilles ne sont donc que des collections d'aventures

galantes, de peintures obscènes, de tout ce que l'esprit humain peut faire de licencieux. Excepté le beau et l'utile, chacun y trouve tout ce qu'il désire. La jeune fille y apprend que l'intrigue est tout à la fois le secret et le remède de cet isolement, de cet ennui qu'elle ressent au milieu du monde et jusqu'au sein de sa famille; de certaine curiosité qui la dévore, et de ce besoin d'aimer qu'elle ne savait pas définir. Quelles en seront les conséquences? On le prévoit, chacun le sait.

La jeune femme y puise le mépris des lois qu'on lui impose et le dégoût de ses devoirs les plus sacrés. Dévoyée, elle y trouve l'excuse de sentiments que sa conscience condamne et l'apologie de ses faiblesses. Ses pareilles y sont des héroïnes, des déesses. Elle saura les égaler, sa famille sera déshonorée, les tribunaux auront à faire.

Le jeune homme y apprend pertinemment la théorie de la séduction. Le jeune ouvrier, la jeune ouvrière, y puisent dans leurs moments de relâche l'aliment de leurs instincts viciés par les propos obscènes de l'atelier. Il n'est pas de classe dont la morale ne s'y ruine, et ces poisons y sont habilement et proprement servis. Là le vice est habillé avec luxe et avec art; il possède même tous les caractères du grand et du beau; ses excès y sont de l'héroïsme. On le prévoit, la spéculation doit avoir un épouvantable succès. Aussi qu'on pénètre dans nos ateliers, le roman et le feuilleton y abondent; qu'on visite les familles, ils ornent la table du salon, et plus encore, le boudoir et l'oreiller des femmes! Qu'on fouille les poches du public, elles en sont pleines. On les trouve à la loge des concierges, entre les mains des laquais, les enfants même se les arrachent et les dévorent à l'école et dans la rue. Mais pour voir le spectacle à son plus beau moment, qu'on se poste en observateur devant un cabinet de lecture, sur nos places publiques ou sur les boulevards de nos cités. Là, on le sait, le journalisme offre au public sa pâture par tombereaux. A l'heure convenue, les acheteurs arrivent, dix centimes en main : ils semblent avoir faim. Leurs rangs sont plus serrés que chez le boucher ou le boulanger du voisinage.

XIII.

Et nous mettons ensuite avec dédain nos voisins d'outre-Manche au ban des nations parce qu'ils empoisonnent la Chine avec leur opium ! Combien plus coupable est cette partie de notre presse ! Elle fait tourner l'imagination du lecteur jusqu'au plus honteux délire ; elle allume dans les sens un feu qui ruine les forces physiques ; elle remplit les cœurs de désirs grossiers et de corruption ; elle relâche les liens de la famille ; elle éloigne l'individu du mariage et lui apprend à satisfaire ses passions plus à son aise. Elle alimente le vice, qui traîne à sa suite ces maladies qu'il n'appartient qu'à la science médicale de nommer. La décrépitude et la mort arrivent avant le temps. La population décroît.

Toutes les statistiques nous montrent que, de nos jours, les grandes villes ne se soutiennent que par l'immigration qui se fait des provinces dans leur sein.

On nous dira sans doute qu'avant les journaux il y avait des hommes vicieux, et que l'immoralité n'était pas inconnue dans les villes. Nous l'avouons, les passions brutales ont, de tout temps, fait des victimes ; mais ce qui est aujourd'hui si général n'était alors qu'une exception. Le vice était flétri et obligé de se cacher devant le bon sens et la pudeur du public. Maintenant, le roman et le feuilleton, le journalisme lui ont enlevé sa turpitude et lui ont donné le droit de cité parmi nous.

XIV.

Si nous portons nos regards sur le personnel des rédactions, le spectacle est encore plus désolant.

Dans un journal qui spécule, l'écrivain n'a pas le droit de s'occuper du bien public : il ne travaille que pour le succès de l'entreprise. Il ne remplit pas une mission, il ne fait qu'un métier. Un maître l'a pris à son service : devant ce maître, il n'est pas plus indépendant que l'ouvrier devant son patron ; sa plume n'a pas plus de dignité que l'outil d'un maçon : il faut qu'elle frappe, démolisse ou édifie selon les ordres qui lui sont donnés. Devant le public, il n'est le plus souvent qu'un comédien dont se sert la direction du journal pour attirer et divertir les masses, ou un polichinelle qu'une main invisible fait mouvoir à volonté.

XV.

De si humiliantes conditions ont nécessairement éloigné de la rédaction de ces journaux les écrivains dignes de représenter l'opinion et dévoués au bien public. Quoi de plus difficile, en effet, pour un homme qui a vraiment de l'honneur que de renoncer, au profit d'une spéculation, à dire ce qu'il pense comme Dieu lui en a donné l'instinct et imposé le devoir? On conçoit à peine un tel sacrifice dans le malheureux qui a faim ; il finit par céder aux étreintes du besoin. C'est du reste ce qui arrive. Les organes spéculateurs sont réduits bien des fois à admettre des gens ruinés, on n'ose pas dire comment. Nous pourrions en citer de nombreux exemples ; mais, désireux d'éviter tout ce qui pourrait être tourné en personnalité blessante, nous nous contenterons d'un seul.

Il y a quelques années, un jeune homme d'une grande famille de province sortait d'un collége de Paris. C'était un imberbe de dix-huit ans, mais il avait reçu quelques répétitions de philosophie, et il possédait surtout la théorie de la liberté ; la pratique ne devait pas se faire attendre. Il s'annexa une complaisante créature et l'installa bel et bien dans une dépendance du château de son père. Ce dernier entendait autrement les lois morales et voulut la renvoyer. Le jeune imberbe cria à la tyrannie de principes surannés, et, pour ne pas se soumettre, il reprit avec sa Cydalise le chemin de la capitale. Il y mena joyeuse vie pendant quelques années, grâce au crédit que lui valurent le nom et la fortune de son père, mais enfin il fallut se créer des ressources. Nul effronté n'appliquait mieux que lui le mot pour rire, il connaissait à fond le dictionnaire de l'es-

taminet et débitait avec quelque esprit les lieux communs d'u-
sage, toujours contre les prêtres, et alors encore contre l'État.
Et tout cela, il le débitait avec l'aplomb d'un polisson. C'était
plus qu'il n'en fallait pour un journaliste. Aussitôt présenté,
aussitôt accepté dans un grand journal qui lui paye grassement
sa prose. C'est un écrivain des mieux huppés de notre époque.
Il n'a jamais rien su à fond, mais il parle de tout. Il est toujours
ce qu'il fut. Que doivent être ses lecteurs !

XVI.

Beaucoup de nos journalistes n'ont pas de conviction.

Vous croyez, confiant lecteur, qu'ils vous donnent des théories bien étudiées, des pensées réfléchies, des systèmes con-
sciencieux et raisonnés ! Détrompez-vous, nous vous le répétons, ce sont des comédiens qui ont engagé leur plume au plus
offrant. Aujourd'hui c'est le journal où vous lisez leurs écrits ;
que demain une feuille d'une couleur contraire se montre plus
généreuse, c'est pour elle qu'ils écriront ; vous les verrez con-
vertis à des idées nouvelles, et ils brûleront le lendemain leur
idole de la veille.

Nous en connaissons un qui parle tous les jours à cent
mille lecteurs, et il ne manque pas de leur dire que sa plume
n'est que la manifestation de sa conscience. On lui demandait
dans un salon de Paris, il n'y a que quelques mois, pourquoi il
se montrait si hostile au *parti prêtre* en particulier. « On me
» paye pour ça, répondit-il naïvement ; nous autres journalistes
» nous n'avons pas d'opinion. Que Veuillot m'offre dix mille
» francs de plus que je ne gagne, je serai demain le meilleur
» catholique du monde. »

XVII.

Vous les voyez encore, honnête lecteur, échanger des mots violents, se dire même des injures ; vous croyez qu'ils se méprisent. Non ; ces articles, où ils se maltraitent tant, ils les ont souvent rédigés ensemble, après un copieux dîner, entre deux verres.

Dans un chef-lieu de département, à cinquante lieues de Paris, deux journaux effrayaient la localité de leurs querelles. L'un paraissait le soir, l'autre le matin. Dernièrement celui du soir commençait ainsi son article de fond : « Le journal N. de « ce matin, selon son habitude, expose les idées les plus étran- « ges sur, etc... » et il attaquait ces idées avec cette verve que donne le champagne pris à forte dose. Or le journal du matin n'avait rien dit de pareil. Quelques malins voulurent avoir le mot de l'énigme, et ils découvrirent que les deux rédacteurs étaient aussi bons amis à table qu'ennemis dans leurs feuilles ; qu'ils faisaient souvent leurs articles en commun ; que la veille de cette méprise ils s'étaient spécialement inspirés à la même bouteille, et qu'ils l'avaient si bien vidée que le publiciste du matin y avait laissé ses sens, et l'article préparé était resté dans son portefeuille.

Pour n'être pas tombés dans la même méprise, nos journalistes de Paris n'en sont pas plus innocents, et il est certains cafés où on peut les voir à l'œuvre. Un de ces messieurs disait un jour à un confrère : « Demain tu parleras de......., je veux « t'exterminer, toi et tout ce que tu diras. — Tu feras bien, lui « répond le compère, je te le rendrai avec usure. Il faut bien « divertir nos lecteurs. »

Tous ces écrivains ne sont dans notre presse que des rongeurs parasites.

XVIII.

En présence de tant d'abus on se demande d'abord quelle en est la cause. Nous pensons qu'il faut la voir dans cette espèce d'ilotisme où la presse a toujours vécu. Jusqu'ici l'État n'a jamais rien fait pour elle.

Longtemps on la crut trop peu importante pour mériter une organisation légale. On a régulièrement constitué l'enseignement, l'armée, la médecine, le commerce; seule parmi nos institutions la presse n'a pas de constitution. Les gouvernements l'ont d'ordinaire considérée comme leur ennemie née. Elle était de sa nature le lien et le nerf des forces du pays et l'expression de son opinion, et ils ont craient qu'elle ne tournât contre eux tous les avantages qui lui seraient octroyés. Aussi parcourons le recueil le plus complet de nos lois, nous y trouvons pour le pouvoir, le droit de la frapper lorsqu'elle est coupable, mais où est la loi qui la dirige ou qui la préserve de devenir le monopole d'hommes pervers? Cette expression de l'opinion, cette voix du pays, comme nous l'avons nommée, a pu se faire entendre lorsqu'elle a parlé avec la timidité d'une étrangère ou le respect d'une vassale, mais elle a été frappée lorsqu'elle a voulu jouer un rôle plus décidé. Nous résumons ainsi son histoire : Pas d'existence légale, dépendance du pouvoir, obligation de flatter les pouvoirs forts, 'liberté usurpée et sans frein sous les gouvernements faibles. Elle n'a aimé ni les uns, ni les autres. Elle n'a pas eu pour son domaine la vérité, mais bien les théories que les passions religieuses ou politiques ont voulu faire triompher. De là cette série interminable de variations où elle a suivi toutes les fortunes. Elle n'a pas plus de traditions que de droit écrit.

XIX.

Dans ces conditions, le public ne pouvait pas lui donner sa confiance ni son estime, parce qu'elle ne devait servir que des intérêts privés. Les écrivains de mérite lui ont naturellement refusé leur concours et elle a dû accepter celui des lettrés vicieux dont elle fait la fortune ou dont elle alimente les basses passions au détriment de la morale.

Si nos soldats ne portaient pas les armes pour nous défendre, assurément les malfaiteurs de toute sorte les porteraient contre nous. Il en a été de même de la presse, elle est devenue une arme meurtrière contre tout ce qu'elle aurait dû protéger.

XX.

Cependant elle a pris des développements prodigieux, et elle est aujourd'hui une puissance sans égale. Elle peut l'impossible, faire paraître blanc ce qui est noir et noir ce qui est blanc, vertu ce qui est vice et vice ce qui est vertu. Elle détruit la notion du droit, et légitime à son gré les plus grands crimes en les couvrant d'un nom honnête. La raison, le bon sens même du public s'y laisse prendre. Ainsi se préparent les ruines. A l'avénement de l'Empire, la France en fut effrayée, et nos représentants livrèrent tous les journaux à la discrétion du pouvoir. Depuis ce jour, forcés de respecter nos institutions politiques, ils démolissent celles d'autrui, attendant d'autres temps pour revenir aux nôtres. Du reste, ils se préparent eux-mêmes la voie par leurs publications immorales.

N'est-il pas à désirer que nos législateurs se préoccupent d'un tel mal, d'un tel danger ? La presse est puissante, il faut la régulariser ; elle est dévoyée, il faut la ramener ; elle est l'organe du public, il faut l'élever à la hauteur de sa mission. Par une sage législation, il faut sauvegarder dans la mesure du possible tous les intérêts légitimes du pays et de chacun de nous, tout en consacrant les droits de l'écrivain ; deux choses corrélatives qui ne vont pas l'une sans l'autre.

XXI.

La réforme qu'il est tout d'abord indispensable d'opérer, c'est de bien établir la liberté de discussion. Qu'on appelle la presse la garantie de nos intérêts, ou bien l'organe de l'opinion, si elle n'est pas libre elle ne saurait remplir sa mission. Cela nous paraît incontestable. Cependant il s'est trouvé des journaux qui ont combattu la liberté de la presse. Quel est donc le motif qui les a dirigés? Ce n'est pas assurément l'amour du bien public, auquel leurs théories ne peuvent être que préjudiciables ; ce n'est pas la crainte des abus, car, comme nous l'avons vu, la législation actuelle n'a guère réussi à les écarter. Nous sommes obligé de dire que ces journaux parlent pour des intérêts privés. Du reste, ils ont contre eux tous les écrivains de mérite. Tous pensent et parlent comme nous. Le besoin de la liberté de discussion se reflète dans l'esprit public, et loin d'être en opposition avec la loi, il trouve en elle sa plus puissante confirmation. Qu'on veuille bien, en effet, considérer les décrets de 1852. Le pays, parlant par ses délégués, confère au chef de l'État une autorité sans limites sur la presse. Tel est l'unique base de tout raisonnement sérieux pour nos adversaires. Mais peuvent-ils dire que cette législation soit une mesure définitive dans notre droit? Ce serait soutenir qu'un État constitutionnel, dont le gouvernement n'a de fondement que dans le principe du suffrage universel, s'est lui-même privé du seul moyen qu'il a d'entendre ses mandataires et de se faire entendre à eux. Non, ce n'est qu'une législation de circonstance, une dérogation au droit commun exigée par les difficultés du moment. On venait de rétablir l'ordre que des discussions insensées avaient gravement compromis, et il fallait l'asseoir sur des bases solides : voilà le seul motif qui nous fit donner au gouvernement le droit de frapper tous les organes qui essayeraient encore de le troubler. On sacrifia pour quelque temps les avantages d'une presse libre pour parer à de grands dangers; entre deux maux on préféra le moindre. A ceux qui l'ont oublié, M. de Persigny vient de le rappeler en qualifiant la législation actuelle de mesures *exceptionnelles, discrétionnaires, dictatoriales*. En outre, il a clairement exprimé sa volonté de restreindre l'application des décrets de 1852 aux seuls délits où le principe du gouvernement et de la dynastie impériale serait remis en question. Ces tendances sont aussi sages en elles-mêmes qu'équitables à l'égard du pays. L'Empereur n'ignore pas qu'il est responsable de tout le mal que les journaux peuvent nous faire, et il est naturel qu'il veuille dégager sa responsabilité. Il sait encore qu'en maintenant indéfiniment le *statu quo*, il s'aliénerait l'affection de la partie la plus éclairée de la nation, ce qui ne saurait être dans ses principes.

Concluons donc que s'il voyait la presse animée d'un bon esprit, suivre une voie honnête, s'occuper du bien public et s'abstenir des luttes scandaleuses du passé, il serait heureux de la rendre à elle-même et de lui faciliter l'accomplissement de sa mission.

XXII.

Mais s'il est nécessaire de révoquer la législation de 1852 pour mettre les journaux amis du public à même de servir nos intérêts, cette mesure ne nous paraît pas suffire à ceux que la spéculation a fondés ou achetés, qui, il est bon de le faire remarquer, sont les plus nombreux et les plus répandus. Dans ces feuilles, en effet, qui bénéficierait de la liberté? Ce serait exclusivement l'administration. Elle pourrait faire imprimer sans crainte tout ce qu'elle croirait propre à grossir ses bénéfices; mais l'écrivain qui lui a vendu sa plume et enchaîné sa pensée n'en serait pas moins esclave. Tant que subsistera le monopole de la presse, le pays sera donc trompé, exploité, au lieu d'être éclairé et protégé, et l'écrivain, nous le répétons, ne travaillera que pour des intérêts privés. Il parlera sans conviction parce qu'il ne dira que ce qu'on lui fera dire, sans dignité parce qu'il ne sera pas libre, sans utilité ou plutôt au détriment de tous. C'est surtout ici que nous sollicitons des réformes. On nous répondra qu'elles sont difficiles, qu'il faut sauvegarder les capitaux engagés, etc... Nous ne le contestons pas, et quelque coupable que nous paraisse la spéculation que nous attaquons, puisque la loi l'a tolérée, nous devons respecter ses intérêts. Mais comment conserver plus lontemps des entreprises qui n'obtiennent les plus grands succès qu'au préjudice du public? On démolit nos maisons pour nous tracer des voies de communication plus larges et plus faciles. N'est-il pas plus nécessaire de démolir les bureaux de ces journaux qui sont des foyers d'immoralité et peuvent devenir en bien des cas les propagateurs de désordres, si leur intérêt l'exige? L'expérience a démontré que plus l'État est en péril, plus ils font de bénéfices. Faisons cesser ces dangers, indemnisons dans une juste mesure tous ceux que cette réforme peut frapper, relevons tant d'écrivains de la plus humiliante des servitudes, le bien public l'exige, nos législateurs ne sauraient rien faire de plus utile.

XXIII.

Un grand nombre de ceux qui demandent la liberté de la presse en veulent accorder le bénéfice à tous les écrivains sans exception. Ils disent : peut-on défendre à quelqu'un de nous de faire part à ses semblables du fruit de sa pensée? et sans hésiter, ils répondent eux-mêmes : non. En cela ils nous étonnent. Nous demanderons à notre tour : Est-il vrai qu'un écrivain, surtout s'il a un jugement faux, une imagination licencieuse, des passions ardentes, peut penser des choses dangereuses, funestes sous bien des rapports, et les écrire avec une élégance et une facilité de style capables de séduire le public? Sans hésiter, nous répondons : oui. Ajoutons, comme un fait d'expérience, que les masses ont une prédilection marquée pour ces sortes d'écrits. Nous appelons toute la rigueur de nos lois pénales sur le pharmacien ou le chimiste qui livre aux individus un poison que nos instincts repoussent. Combien plus coupable cependant est l'écrivain qui livre au public un poison que nos instincts recherchent! Que celui qui éclaire les intelligences et dirige bien les cœurs puisse librement nous donner ses écrits, comme dans un ordre inférieur, le boulanger nous donne le pain qu'il nous prépare, c'est notre vœu; mais s'il nous empoisonne, c'est bien différent!

XXIV.

La liberté n'est légitime qu'à la condition de faire le bien ; si elle est malfaisante, c'est le désordre, c'est un instrument de crimes. La presse est la garantie de nos intérêts ; elle est bonne de sa nature. L'écrivain peut être bon ou mauvais ; avant de le laisser écrire, nous demandons à le connaître. Il faut donc que la presse soit libre comme institution d'intérêt public ; mais le publiciste ne doit l'être qu'après en avoir été reconnu digne. Il est temps d'en finir avec les écrivains qui ne cherchent qu'un salaire. Toute mission revêt l'importance même de son objet ; pour remplir celle de la presse, on doit en atteindre la hauteur par ses talents, sa science et sa moralité.

XXV.

Ces principes sont l'expression de la raison et du bon sens en matière d'administration, et la loi inviolable de tous ceux qui disposent des emplois. Examinons ce qui se fait.

Si un jeune homme se destine au sacerdoce, l'Église ne lui confère les ordres qu'après avoir longuement éprouvé sa vertu, et elle ne l'envoie enseigner les peuples qu'après que, dans de longues études et par des examens sérieux, il a montré une connaissance solide de tout ce qu'il devra leur apprendre.

S'il veut se vouer aux fonctions de l'enseignement, même élémentaire, l'Etat semble craindre de ne pas exiger de lui assez de certificats de moralité et de capacité. Il sera en outre obligé d'entrer dans un corps légalement constitué dont il devra accepter l'inspection et la surveillance.

S'il aspire à un commandement dans nos armées, il devra préalablement acquérir des connaissances étendues, montrer un courage à toute épreuve et une habileté consommée.

S'il désire être marin, on l'oblige à une étude approfondie des lois astronomiques et des terres et des mers de notre globe.

S'il choisit la médecine, il faut qu'il reçoive ses diplômes devant une commission autorisée.

S'il préfère être avocat, on ne comprend pas qu'il puisse interpréter la moindre de nos lois avant d'avoir subi des épreuves décisives sur la connaissance de nos codes.

Se contente-t-il des modestes fonctions d'employé dans une administration, sous l'œil toujours ouvert d'un bureaucrate responsable, il n'en obtiendra le titre qu'après un stage quelquefois de plusieurs années.

XXVI.

Mais s'il veut être journaliste ?

Le journaliste est un maître. Il enseigne non un nombre restreint d'enfants, en qui on pourrait encore, au besoin, rectifier son enseignement, mais un nombre de lecteurs que quelques-uns comptent par millions, hommes faits, à l'âge des passions et capables de mettre en pratique sur-le-champ, les leçons bonnes on mauvaises, de leur maître. C'est un défenseur de la vérité et du droit contre les fausses théories, les ambitions injustes et la corruption humaine. C'est le guide de la société à travers les passions qui l'agitent. C'est le médecin de l'esprit et du cœur qu'il soigne non pas un à un, comme le médecin du corps, mais par milliers, de sorte que son œuvre a une portée incalculable. C'est l'interprète du code éternel et infiniment important de la nature.

Le journaliste dispose de tout ce que les individus et le pays ont de plus important, de plus sacré. En bien ou en mal son influence peut être immense.

Quelles garanties exigeons-nous de lui ? Aucune.

XXVII.

Un journal ne peut être créé ni acheté sans l'autorisation préalable du gouvernement, mais le pays dont les intérêts vont être mis en jeu n'est pas consulté. L'autorisation obtenue, le fondateur ou l'acquéreur verse une somme convenue à titre de cautionnement. Cette formalité remplie, il reste entièrement libre dans le choix des écrivains.

Pour écrire dans un journal, il suffit donc d'avoir la confiance du propriétaire, on n'a pas besoin de celle du public. Un écrivain peut n'être qu'un barbouilleur sans savoir, sans talent, sans honneur, sans bonne foi ; si un propriétaire de journal le juge propre à servir son entreprise, il le fera, de son autorité privée, docteur en toutes sciences pour ses milliers de lecteurs. C'est par cette porte que la spéculation a pénétré dans la presse.

Mais n'a-t-on pris aucune mesure pour neutraliser cette cause des plus graves abus? Nous ne dirons rien de la loi du timbre, qui ne profite qu'au trésor.

On a inauguré la législation de 1852, dont les plus puissants motifs nous font solliciter l'abrogation.

Le gouvernement a établi au ministère de l'intérieur une commission chargée de surveiller la presse. Dans les départements, il l'a livrée à l'arbitraire des préfets, et ce n'est que dans ces derniers temps que M. de Persigny les a invités à user d'indulgence envers les journaux, et, dans le cas d'un délit grave, à en référer à M. le ministre. Tout se réduit là.

L'indulgence du gouvernement peut rassurer les journaux, mais où sont les garanties des intérêts du pays? On châtie les coupables lorsque le mal est fait. La peine qu'on leur inflige ne guérit pas nos blessures. Mieux vaut prévenir les délits que de s'exposer à la nécessité de les punir !

Dira-t-on que la crainte du châtiment retient suffisamment les écrivains capables de nous nuire? L'expérience répond ici pour nous. Nous ferons seulement remarquer que souvent c'est le contraire qui arrive. Pour un grand nombre de nos publicistes, les poursuites légales sont l'unique moyen de se rendre célèbres et d'obtenir des sympathies. Et d'ailleurs, que de haines ravivées, que d'esprits aigris par ces mesures!

Recourons donc à d'autres moyens ; ne nous privons plus des avantages d'une presse libre ; cherchons dans de sages règlements la garantie de l'ordre, de la prospérité du pays et surtout de la morale.

Organisons la presse.

XXVIII.

Quelle constitution faut-il donner à la presse ?

Nos hommes d'État, exercés au maniement des affaires, et connaissant à fond les besoins du pays, trouveront dans leur expérience la réponse à cette question. Qu'ils veuillent bien prêter franchement la main à la réforme proposée, il n'est pas de difficulté qu'ils ne puissent résoudre. Nos vœux et ceux de la France le leur demandent. Ils dirigent les destinées du pays. Pourraient-ils en cette occasion se montrer moins dignes de sa confiance ? Pour nous, il ne nous reste qu'à donner ici, comme complément de ce travail, une idée des mesures que la raison et le bon sens nous semblent indiquer.

XXIX.

Nous pensons que, pour donner à la nation une preuve de leur sollicitude, nos chambres doivent avoir à cœur de prendre l'initiative sur cette réforme, en déposant au pied du trône le vœu de l'organisation de la presse, et en sollicitant un décret impérial, aux termes duquel un projet de loi doive être soumis à cet effet, aux discussions du corps législatif.

Nous désirons que la loi établisse comme points fondamentaux en matière de presse les principes suivants :

1° Dans l'état actuel de la société, la presse est une institution de première nécessité. Le gouvernement et le pays doivent la considérer comme un sacerdoce chargé d'instruire et de moraliser le peuple, de lui servir d'intermédiaire auprès du pouvoir et de défendre les intérêts publics.

. 2° Une si grande mission ne peut être remplie que par une institution responsable et, par conséquent, libre. La presse sera donc libre de droit et de fait, ne relevant que du droit commun et des règlements spéciaux que sa nature peut exiger.

3° Elle recevra une organisation propre à étendre son influence, à sauvegarder ses droits et à prévenir les abus du passé.

4° Pour ces motifs, il sera formé un conseil supérieur, chargé de la direction de la presse. Y seront appelés les hommes les plus célèbres, en toutes sortes de matières : belles-lettres, sciences, économie politique, etc., etc., et des représentants de la presse de Paris et des départements.

5° N'obtiendront le titre et ne rempliront les fonctions de rédacteur que des écrivains reconnus capables et reçus comme tels par le conseil supérieur.

6° Chaque écrivain, ne devant parler que selon ses convictions, sera libre d'entrer dans telle rédaction qu'il préférera. Reconnu capable d'écrire par le conseil supérieur il sera aussi entièrement libre dans l'exposition de sa pensée ; mais il ne pourra traiter que les questions pour lesquelles il aura été désigné.

7° Tous les délits de la presse seront réprimés par le droit commun, et jugés par les tribunaux ordinaires. Seulement le jury sera composé d'hommes compétents, désignés par le conseil supérieur et renouvelés tous les ans.

8° A la condition de se conformer aux règlements de la presse tout Français pourra fonder des journaux et leur imprimer la direction qu'il voudra.

9° Dans l'intérêt de la morale le roman-feuilleton ne paraîtra jamais dans un journal ni sous forme de livraison.

Dans l'intérêt du commerce, les annonces n'y seront admises et le prix n'en sera déterminé que par le conseil supérieur.

10° La justice veut que les personnes et les intérêts quels qu'ils soient, français ou étrangers, puissent se faire également respecter de la presse. En conséquence, quiconque se croira lésé par un journal, pourra, abstraction faite de sa nationalité, citer les coupables, et invoquer contre eux l'application de nos lois.

Enfin, nous désirons que nos législateurs s'occupent de soustraire la presse à la spéculation et au monopole, en instituant, par exemple, une trésorerie générale de la presse chargée de toute la partie financière de l'institution, ou par d'autres moyens que leur sagesse leur fournira.

Telles sont les mesures générales qu'un premier examen nous fait juger nécessaires. Elles sont insuffisantes et peut-être même plusieurs devraient être modifiées après une étude plus sérieuse.

Si nos propositions trouvent des contradicteurs de bonne foi, nous serons heureux d'entendre leur réplique. Si nous excitons des colères, ce ne peuvent être que des colères de coupables, de cette Bohême lettrée dont les vices nous révoltent. Au surplus nous les plaignons et nous regrettons de leur déplaire. Mais la vérité est notre loi, comme le bien public est notre but ; nous servirons toujours l'un et l'autre.

Toutes nos pensées, tous nos vœux que nous croyons être ceux du pays, nous les soumettons à l'examen de nos chambres. Le peuple ne peut rien que par ses représentants. En ce moment tous les regards se tournent vers eux. Nous espérons qu'ils voudront bien considérer la nécessité et l'importance de la presse, les devoirs qu'elle a à remplir, les maux qu'elle nous fait, ceux qu'elle peut nous faire encore, les abus qui la déshonorent, les services qu'elle nous rendra le jour où elle fonctionnera avec dignité et régularité. Si les difficultés les effrayent, que l'amour du bien public et l'espoir d'améliorer la société les soutiennent ; qu'ils fassent de la presse un organe fidèle, une protectrice dévouée de tous et de toutes choses ; qu'ils assurent à l'écrivain la considération et le respect dus à sa mission. La religion, la morale, le gouvernement, le commerce, l'industrie, en un mot tout le pays verra s'accroître sa prospérité présente et se dissiper ses plus graves préoccupations pour l'avenir.

Paris. — Imprimé par E. Thunot et C°, rue Racine, 26.